QUELQUES RÉFLEXIONS

SUR

LES FORTIFICATIONS

DE PARIS. [1]

Depuis quelques mois , on n'entend de tous les côtés que ces mots : « Il est urgent de fortifier Paris , de l'en-« fermer dans une enceinte continue.—Oui, il est ur-« gent de fortifier Paris; mais des forts détachés suffisent. « —L'enceinte est bonne ; les forts sont excellens; mais « il est un système préférable à l'enceinte et aux forts « détachés : c'est une enceinte avec des forts rattachés. « Dans tous les cas, quelque système qu'on adopte, « hâtons-nous, le temps presse. » Il y a un an, presque personne ne songeait à ces forts, à ces enceintes. Qu'est-il donc arrivé, pour que la grande nation qui naguère plantait ses drapeaux sur toutes les capitales de l'Europe, croie aujourd'hui urgent de se fortifier dans sa capitale , de s'y envelopper de murailles, de fossés, de tours, de canons ?

Depuis les revers , triste expiation de ses trop longues

---

victoires, il s'est écoulé vingt-cinq années de paix, qui ont fermé toutes les cicatrices de la défaite, qui lui ont donné certains momens de prospérité matérielle inouïe, pendant lesquelles sa jeune armée a trouvé moyen de se tenir en haleine d'héroïsme et de rapprendre la victoire. Hier encore en paix avec l'Europe, la grande nation se reposait dans sa force; elle en avait la conscience, et ce sentiment lui suffisait. Il faut aujourd'hui que toutes les ressources de l'art viennent à son secours; il faut que le sol creusé en précipices ou dressé en collines lui prête ses plus puissans moyens de résistance. Ses frontières ne sont pas envahies cependant. Bien loin de là. Les puissances n'ont pas augmenté leurs armées d'un seul homme; elles n'ont pas remué un canon, et elles protestent de leurs intentions pacifiques.

Encore une fois, qu'est-il survenu? Comment s'en est allée la force de l'ancienne dominatrice des peuples?

Voilà ce qu'il faut se demander. Voilà où est la véritable question. Paris est-il susceptible d'être fortifié? S'il peut l'être, quel système est préférable? Ce ne sont là que des questions secondaires, malgré leur importance.

Comment est descendue celle qui a commandé à l'Europe? comment se fait-il qu'aujourd'hui seule en Europe elle songe à creuser des fossés, à entasser autour de sa capitale de la terre, des pierres, et des canons-monstres? Oh! il n'est pas difficile de le dire. Il n'y a, si l'on trouve que cela en vaille la peine, qu'à passer en revue ce que nous avons fait depuis dix ans.

La royauté avait reçu un coup terrible. Ce n'est pas impunément qu'on transporte la couronne d'une tête sur une autre, et que, dans l'intervalle, le peuple souverain des faubourgs pénètre en armes dans le sanctuaire de la royauté, et vient s'asseoir poudreux sur le velours souillé du trône. Que fait-on pour guérir la royauté de cette grande blessure? On la trouve trop forte, trop puissante, trop redoutable encore. On n'est préoccupé que d'une idée, et pendant dix ans, sous différens noms, sous différens prétextes, l'on ne poursuit qu'un but : l'affaiblir encore, la diminuer, l'abaisser, la réduire à néant. L'abaisser! disent, il est vrai, les habiles ; oh! nous voulons l'exalter au contraire, la transporter dans des régions supérieures, où, loin de nos tristes luttes, elle ne recevra que des respects, elle n'entendra de la terre que des paroles d'amour et des protestations de dévouement........ Oui, comme les Romains envoyaient avec un coup d'épée régner dans l'Olympe les princes dont ils ne voulaient plus sur la terre.

Comme la royauté, la Chambre des Pairs a reçu, dans le combat, une atteinte dont elle se ressentira long-temps. Se contentera-t-on au moins de cet affaiblissement et de cette garantie? Non, on se défie encore d'elle, et on la trouve encore trop forte et trop redoutable. Tous les instincts de jalousie bourgeoise, d'envie démocratique sont appelés au secours des théories politiques, pour lui porter une atteinte bien autrement grave et bien autrement incurable. De ce moment, en effet, la vie politique s'est complètement retirée d'elle ; elle ne sera plus désormais qu'une pompeuse et inoffensive décoration de théâtre.

Des trois pouvoirs établis par la Charte, au nom de laquelle on s'est battu, il ne reste debout que la chambre élective. Toute l'influence, tout le pouvoir législatif et exécutif est concentré en elle. Le gouvernement intitulé monarchie constitutionnelle n'est plus en réalité qu'une république masquée, travestie, qu'une démocratie faiblement tempérée par un homme encore appelé roi, et ornée d'une troupe de nobles figurans, ironiquement nommée chambre des pairs.

Est-on satisfait? Trouve-t-on que ce soit assez de ruines et de souveraineté populaire? Non, comme devant la royauté et la chambre des pairs, on a dressé l'omnipotence du pouvoir électif : au-dessus du pouvoir électif on élève, en vertu des mêmes principes, l'omnipotence du corps électoral qui commande à la chambre élective au même titre qu'elle-même commande à la couronne, et qui, de temps en temps, étendant la main sur cette superbe dominatrice de la royauté, la fait trembler, comme la créature tremble devant le créateur, qui va bientôt l'appeler à lui pour rendre ses comptes.

On va s'arrêter cette fois : on ne demandera rien de plus ; la mesure du désordre doit être comblée. Non, au-dessus du corps électoral s'élève la réforme. L'électeur de la classe moyenne tremble à son tour devant l'image de la multitude qu'on excite sans cesse à enfoncer la porte des colléges électoraux pour emporter sur la place publique, avec l'urne du scrutin, la décision souveraine de toutes les affaires. Ainsi s'échelonnent la destruction et l'anarchie.

L'arbre porte ses fruits. Investie du droit de nommer et de révoquer les ministres, *la chambre,* comme l'on dit, ne tarde pas à ne plus faire autre chose durant ses longues sessions, qu'agiter des questions de ministères et de portefeuilles. Comme la garde prétorienne, au lieu d'aller défendre les frontières de l'empire, ne savait plus faire que la guerre civile pour élever et renverser les créatures d'un jour, qu'elle envoyait tour-à-tour du camp au trône et du trône aux gémonies , la chambre, espèce d'assemblée prétorienne, au lieu de s'occuper des véritables intérêts, des véritables affaires du pays, ne sait plus que discuter, lutter, faire la guerre civile de la tribune , pour élever et renverser les heptarchies éphémères qu'elle charge de remplir les fonctions de la royauté. — Dix années voient renouveler dix-sept fois cette heptarchie malheureuse ; dix années voient surgir et tomber dix-sept ministères, renversés les uns après les autres au moment où ils commençaient à être établis , à pouvoir faire enfin quelque chose , renversés les uns pour de frivoles motifs, les autres, sans autre cause que le caprice changeant des majorités ou les intrigues de leurs prédécesseurs qui espèrent devenir leurs successeurs. — Dans le court espace de 1830 à 1840, dix-sept crises ministérielles, dix-sept interrègnes, on sait la durée de quelques uns, viennent successivement relâcher tous les ressorts de la machine politique, briser toutes les traditions gouvernementales qui tendaient à se former, suspendre au-dessus du pays tous les dangers et toutes les terreurs. Fatigué et de ces énormes sessions de neuf mois qui ne sont fécondes pour lui qu'en agitations, en inquiétudes , en anxiétés, et de ces ministères qui naissent au milieu des espérances et bientôt meurent au milieu des anathèmes, le pays veut sortir de ce régime de crises et de souffrances ; mais, grâce aux doctrines dont il a été empoisonné, cherchant le remède précisément où est le mal, il demande et obtient, quoi ! cinq à six élections générales, c'est-à-dire que cinq grandes crises viennent s'ajouter aux dix-sept crises ministérielles ; cinq crises pires encore peut-être, interrompant, troublant peut-être d'une manière plus profonde et plus grave la vie du corps politique et social. Malheureux pays ! qui, pour se guérir des agitations , ne trouve rien de mieux que des bouleversemens ! — L'ouverture de la session actuelle couronne dignement le double lustre qui vient de s'écouler. Non contente de faire et de défaire à son gré les ministres, la chambre veut être ministre elle-même, et tous les ministres présens, passés, arrière-passés et futurs, s'empressent, pour satisfaire un vœu aussi légitime, de révéler du haut de la tribune à l'Europe attentive tous les secrets de notre politique, toutes les arrière-pensées de notre diplomatie, de tout dévoiler, de tout dire, de tout lire, même les pièces les plus confidentielles, même les lettres particulières. Il était peut-être incertain encore à qui devait revenir la palme dans cette lutte si heureuse de révélations. Un ministre du 1er mars l'assure au cabinet dont il a fait partie, en racontant les velléités à peine conçues, les coups de main dont on a été tenté, les surprises quelque peu déloyales qu'on avait songé un instant à exécuter contre l'Europe. Aussi arrive-t-il de l'étranger cette parole terrible, parce qu'elle est vraie : « Il est désormais impossible de traiter avec ce gouvernement, car il ne peut garantir aucun secret. »

Nous n'avons plus qu'à attendre le grand remède de la réforme qui doit substituer à la domination incapable des deux cents électeurs à deux cents francs, la domination bien autrement incapable et anarchique de quatre cent ou six cent mille électeurs à 100 francs.

Pendant que, pour le triomphe et la glorification du principe démocratique, les choses se déroulent ainsi dans la sphère officielle, que produit le même principe dans la sphère extra-officielle ? On le sait encore, bien qu'on semble à chaque instant l'avoir oublié. Frappées en vain,

les sociétés secrètes renaissent plus fanatiques et plus auda-
cieuses ; la torche passe des amis du peuple à la société des
droits de l'homme, de la société des droits de l'homme à
celle des saisons, de cette dernière à celle des familles,
et combien d'autres sans doute qu'on ignore ? Le sang
coule trois fois à Paris, deux fois à Lyon ; on se bat trois
fois dans les rues de Paris, deux fois dans celles de Lyon,
et une fois pendant cinq jours, à coups de canon. Pour les
émeutes, il est impossible de les compter non plus que les
villes où elles éclatent ; c'est œuvre de savant : les petites
villes, en effet, ont les leurs comme les grandes, Arbois
comme Saint-Étienne. On en a sous tous les prétextes,
pour la politique, pour les salaires, pour les grains, pour
un droit de quelques centimes, pour un maire, pour tout.
Progéniture légitime de la souveraineté du peuple, elles
pulullent sur tous les points du territoire.

L'histoire inscrit en lettres rouges, distancés par des
siècles, les noms de Ravaillac et de Damien ; nous voyons
le régicide sept fois en dix années. Il renaît comme les
sociétés secrètes dont il est l'éclair. La clémence est aussi
impuissante à l'étouffer que le bourreau, comme l'amnis-
tie du 8 mai est aussi impuissante que les répressions armées et les jugemens de la Cour des pairs pour étouffer
les sociétés. — Le dernier coupable de ce plus grand des
forfaits n'est pas encore jugé ; qui oserait garantir que d'ici
sa comparution devant ses juges, on n'en aura pas deux à
faire comparaître au lieu d'un ? Voilà encore ce que nous
a donné la politique qu'on peut définir « le développement
du principe démocratique. » Le régicide, à l'état endémi-
que, est le fruit du principe démocratique, aussi bien que
les changemens perpétuels de ministère. La différence
n'est que dans le degré de culture, et le terrain où la se-
mence est tombée.

Nous allions oublier ; elle tient cependant assez de place. Dominant le tout, la presse, mère, fille, âme de toutes ces aberrations, faut-il le dire? de tous ces crimes, les couve, les réchauffe, les exalte directement ou indirectement, avec connaissance de cause, ou par inintelligence de ce qu'elle fait, mais dans tous les cas se complaît dans son œuvre. On le comprend. Assise sur les ruines qu'elle entasse, elle règne et reçoit les tributs que lui apportent et l'imbécillité des gouvernés et la faiblesse ou la lâcheté des gouvernans.

Aussi, à quelle situation est arrivé le pays! Les premières années, on avait des momens de crise et des momens de repos, des momens où l'on craignait, et des momens où l'on était rassuré ; on avait, d'un côté, des sujets d'inquiétude, de l'autre, des sujets d'espérance ; on voyait, d'un côté, le mal, d'un autre côté, le bien. Aujourd'hui, à force de se rapprocher, les crises sont passées à l'état chronique, l'inquiétude est devenue permanente, et tout est si bien confondu, que l'immense majorité ne sait plus où est le bien et où le mal, et d'où peut venir le remède. En face d'une pareille situation, on conçoit que les pensées les plus tristes se présentent à quelques esprits, et l'on n'est point étonné si plusieurs redoutent que la France ne soit arrivée à ce moment où les nations s'arrêtent dans leur ascension de grandeur et de prospérité pour ne plus faire, après une halte de quelque temps, que redescendre et s'acheminer vers la décadence et la mort.

Nous en sommes là au dedans, et nous voudrions être forts et respectés au dehors. Nous nous sommes constitué pour gouvernement une hiérarchie monstrueuse, dans laquelle l'influence est en raison inverse de la capacité naturelle, dans laquelle la souveraineté est en bas et la dépendance en haut. Par suite de cette belle création, nous n'avons plus de gouvernement, de pouvoir régulateur, directeur : nous allons nous désorganisant, nous dissolvant un peu plus chaque jour. Il n'y a plus d'unité, de compacité, de direction une et persévérante, que dans les factions qui veulent détruire les institutions; et cette unité, elles ne l'ont que par la haine qui les unit et uniquement pour détruire ce qui existe. Se faisant illusion sur la folie, sur l'atrocité de leurs doctrines, le pays pourrait peut-être dans un moment de désespoir se dire : « Le système auquel je me suis donné n'a produit qu'im- « puissance et désordre; essayons de ces partis qui me « présentent une nouvelle unité. » Que le pays s'en garde ! outre que les doctrines de ces partis ne sont que des exagérations plus ou moins extravagantes des principes qui nous perdent déjà, ces partis sont cent fois plus divisés encore, plus morcelés au fond que la majorité immense qui veut le maintien des institutions actuelles. L'unité qui n'est pas dans le parti des institutions est encore moins dans les partis hostiles. Ainsi, dans la voie où est engagé le parti des institutions, et dans la voie où veulent nous entraîner les partis hostiles, le progrès de la désorganisation est également fatal, inévitable, et nous voudrions rester grands parmi les peuples ! C'est tout ce que nous pouvons faire que de maintenir l'ordre matériel dans nos cités, et nous voudrions maintenir notre ancienne influence dans le monde ! Nous sommes atteints d'une de ces maladies qui mènent les peuples au tombeau : cette maladie s'aggrave tous les jours, et nous voudrions être redoutés comme si nous étions encore dans la plénitude de notre force !

Connaissons au moins toute la gravité de notre état. Avec la situation intérieure que nous nous sommes faite, non seulement nous devons perdre toute action dans le monde, mais nous devons avoir tous les peuples contre nous. Une nation faible et de second ordre, mais qui a toujours été faible et de second ordre, peut avoir des amis, des alliés. Son existence, son indépendance peuvent intéresser l'équilibre du monde et cet intérêt la protéger. Une grande nation qui a commandé aux autres, et qui tombe, a tout le monde à l'instant contre elle : chacun a une injure à venger, chacun veut une part dans sa dépouille : et pour ce partage on s'entend. Il y en a pour tous.

Mais ce n'est pas tout encore. Nous n'allons pas seulement nous affaiblissant de plus en plus par le désordre intérieur au milieu de nations qui non seulement conservent leurs forces, mais en acquièrent de nouvelles. Ce désordre qui nous mine, c'est le désordre démocratique ; et nous sommes en face de nations qui en sont encore à la monarchie pure, à la monarchie absolue, sans parler de l'Italie que l'empereur d'Autriche, de la Pologne que le czar tiennent enchaînées au pied de leur trône.

Si nous étions placés, comme les États-Unis, entre la double solitude de l'Océan et du désert, oh ! nous pourrions nous livrer à toutes les expériences politiques qui nous plairaient ; mais, au milieu de l'Europe, de ses Etats où règne l'absolutisme, ce serait folie de croire que nous puissions établir impunément un foyer de troubles et de révolutions. Les puissances de l'Europe se résigneraient à un gouvernement constitutionnel régulier. Elles ne peuvent, sans se suicider, se soumettre au voisinage du principe démocratique toujours prêt à faire de nouveau irruption sur le monde. L'intérêt de leur sécurité, de leur existence, leur ordonne de s'unir pour affaiblir, abaisser, sinon détruire le peuple qui est le terrible soldat de ce terrible principe. Rome et Carthage ne pouvaient subsister, assises en face l'une de l'autre sur les bords de cette étroite Méditerranée qu'on pouvait traverser en trois jours. Alexandre et Darius ne pouvaient régner ensemble sur l'Asie, pas plus, comme l'historien le fait dire à Alexandre, que deux soleils ne peuvent luire ensemble dans les cieux. Le principe démocratique et le principe monarchique ne peuvent subsister côte à côte sur notre continent. Le soleil de la démocratie et celui de la monarchie ne peuvent briller ensemble dans le ciel étroit de l'Europe. Il n'est pas besoin que, chaque matin, vingt journaux sonnent le clairon des batailles, et jettent aux échos des vieilles cours les mots si terribles et si retentissans de propagande et de révolution. La menace et le défi sont dans les choses mêmes. Entre nous et l'Europe, tels que nous sommes respectivement aujourd'hui, il y a inimitié nécessaire, incurable. Les inimitiés qui ne viennent que des sentimens des hommes peuvent s'éteindre : le temps n'emporte-t-il pas tous nos sentimens? L'inimitié des principes échappe, comme les principes mêmes, à l'action du temps. — Comme notre faiblesse, notre principe réunit toute l'Europe contre nous.

Quand nous sommes ainsi et faibles et odieux, quand nous nous exposons à provoquer à la fois et le dédain et la haine, nous serions surpris que l'Europe cherchât à nous faire sortir de la grande société européenne, à nous placer dans un isolement fatal, à décider les affaires sans nous, à se partager l'héritage de notre influence sur les différentes parties du monde en attendant peut-être le moment d'un autre partage! Car voilà notre situation extérieure; on ne peut se le dissimuler. Cet isolement et cette hostilité sont également incontestables, visibles, palpables pour tous. Et c'est pour y remédier, pour parer aux éventualités que cette situation peut amener, qu'on a dit : il faut fortifier Paris.

Nous dormions tranquilles sur la paix de l'Europe, tranquilles sur le mal intérieur qui minait nos forces. Le traité du 15 juillet, le canon de Beyrouth nous ont réveillés. Nous nous sommes vus seuls au milieu de l'Europe d'accord contre nous. Nous avons vu prête à fondre sur nous une coalition nouvelle plus unie peut-être, et à coup sûr plus intelligente et plus forte que les précédentes, et nous avons dit : il faut faire appel aux inventions de l'art, aux puissances physiques, sans avoir cependant le courage de nous avouer que c'était pour suppléer à la force morale que nous sentions nous abandonner. Voilà comment est descendue celle qui était naguère la maîtresse de l'Europe. Voilà pourquoi elle dit aujourd'hui aux hommes qui possèdent la science des murailles et des fossés infranchissables : « Voici de l'argent, « je vous en donnerai tant qu'il sera nécessaire, mais « faites-moi des fossés, des bastions, des forts, afin que « je sois plus tranquille, et qu'au jour de la bataille je « puisse trouver au moins un dernier asile. »

Maintenant faut-il les élever, ces fortifications, et suivant quel système ? Si nous persévérons dans la voie où nous sommes engagés, l'Europe persévérera, de son côté, dans sa politique à notre égard, et une guerre où nous serons seuls contre tous est inévitable dans un avenir plus ou moins éloigné. Devant cette perspective, et à n'envisager qu'elle, s'il est démontré que Paris soit susceptible d'être fortifié, que Paris fortifié puisse tenir quinze jours, plus si l'on veut, c'est-à-dire nous donner quinze jours ou plus pour rassembler les débris de nos forces, en réunir de nouvelles, tenter un effort suprême, ressaisir la victoire et nous sauver, il ne peut plus évidemment y avoir qu'une question : Quel est le meilleur système des trois? Le meilleur, militairement parlant, doit être exécuté, quelque coûteux qu'il soit. — Cependant, avant de se lancer dans une affaire aussi importante sous d'autres rapports encore que le rapport financier, il ne faut pas se faire illusion sur les résultats.

Il a été dit que, Paris fortifié, l'Europe nous respecterait.

Si aujourd'hui l'Europe nous traite avec tant de dédain, est-ce donc le moins du monde parce que Paris n'est pas fortifié? N'est-ce pas uniquement à cause de cette situation intérieure que nous venons de dire, et qu'elle connaît encore mieux que nous? Paris fortifié, en serons-nous moins voués pour un temps indéfini à l'agitation et au désordre qui nous usent et nous tiennent liés? Ne modifiant ni notre situation intérieure, ni notre avenir, les travaux militaires exécutés autour de Paris ne modifieront en rien notre situation extérieure et les dédains de l'Europe. Elle s'en réjouira au contraire; car ces constructions énormes, cet énorme matériel d'artillerie qu'il faudra créer, sont un surcroît de dépenses qui accablera le présent ou grèvera l'avenir, par conséquent une cause de malaise ajoutée aux causes déjà existantes.

On a dit que tous les plans de guerre conçus au-delà du Rhin contre la France avaient pour but Paris, et que cette ville fortifiée, force sera de changer les plans. Est-ce donc uniquement parce que Paris n'est pas fortifié qu'on aspire tant à sa possession? On l'a dit mille fois : c'est qu'il est connu que sa capitale conquise, la France l'est.

Ce sera encore plus vrai de Paris fortifié. Sa prise sera toujours le rêve dont les guerriers d'Outre-Rhin charmeront leurs loisirs de paix. Seulement, au lieu de dire : Tel jour nous passerons la frontière, tel jour nous disperserons les soldats de la France, tel jour nous serons à Paris et nous y entrerons, ils diront : Tel jour nous serons à Paris, tel jour nous y entrerons. On a dit enfin : quinze jours peuvent nous sauver. Il faut le dire encore, quand l'Europe nous attaquera, quinze jours, trente, soixante jours ne nous sauveront pas. Lorsque la révolution de 89 s'est levée sur la France et contre l'Europe, l'Europe a cru qu'il suffisait de se jeter sur la France et la révolution pour les écraser toutes deux. Nous lui avons fait voir qu'elle s'était trompée. Elle a profité de l'expérience. Les leçons que nous avons été lui donner à Berlin, à Vienne, à Moscou, elle les a retenues. Elle se dit maintenant : « La France a dans son sein un ennemi intérieur qui fait admirablement nos affaires : laissons-le agir ; laissons le principe démocratique, en se développant, miner, user ces forces si redoutables. De notre côté, poursuivons la guerre sourde d'une diplomatie habile et persévérante ; entourée, circonvenue, isolée, que la France voie son influence extérieure successivement détruite sur tous les points du monde par la supériorité de nos efforts combinés. Quand cette œuvre sera terminée au dehors, et qu'au dedans le mal qui la ronge l'aura amenée à n'être plus, en quelque sorte, qu'une proie sur laquelle il n'y aura qu'à étendre la main pour la saisir, alors nous nous lèverons en poussant un cri terrible et nous en aurons bon marché. Si nous l'attaquions aujourd'hui, elle aurait encore la force de bouleverser le monde et de périr comme Samson ; c'est la précipitation qui a été cause de notre première défaite. Cette fois, agissons comme le temps, avec l'aide du temps, lentement, mais sûrement. » Voilà, on peut en être sûr, ce qui se dit au fond des cabinets dans le tête à tête des souverains et de leurs ministres.

Voilà ce qui s'accomplira. L'Europe ne nous attaquera que comme elle le dit, c'est-à-dire que dans fort longtemps peut-être. Mais, comme elle le dit, nous succomberons, parce qu'à ce moment, au lieu d'être encore une grande nation, nous n'en serons plus que l'ombre, parce que nous serons comme ces guerriers qu'on trouve au fond de certains caveaux debout dans leurs armures. Ils semblent entiers et vivans ; mais, aussitôt qu'on les touche, ils tombent en poussière. Ainsi nous tomberons, malgré les armures de pierre et de fer dont nous nous serons ruineusement enveloppés, parce que ces armures n'abriteront plus qu'une incurable faiblesse, ne couvriront plus que la mort.

Les destinées de la France seraient donc terminées. Elle n'aurait donc plus, comme César, qu'à se couvrir la tête de son manteau et recevoir avec la majesté de la résignation les coups dont il plaît aux dieux de l'accabler. Non, il est temps encore de nous sauver. Il est encore un remède à notre mal, et ce remède est fort simple ; il ne demande pas de millions.

Au lieu d'élever à grand prix des remparts inutiles, relevez la royauté. Replacez-la sur sa base et sur son trône. Rendez-lui les prérogatives, les attributions, l'influence, nous ne dirons pas que la Charte, vous l'interprétez autrement, mais que la nature, que la fatalité des choses commandent de lui donner. Rendez-lui l'initiative, la direction qu'elle seule est apte à exercer, et sans lesquelles toute société dépérit. Une royauté puissamment assise, haute et forte, réelle enfin, voilà la forteresse qui nous protégera et nous sauvera.

Les chambres sont radicalement et incurablement incapables de gouverner. Car pour gouverner il faut unité et persévérance, et l'unité ne peut sortir d'un corps à quatre cents têtes; la persévérance ne peut exister dans des assemblées, nous ne dirons pas qui sont forcément renouvelées tous les cinq ans, et le sont le plus souvent avant d'avoir fourni leurs cinq années, mais dont la majorité change d'un quart d'heure à l'autre par l'arrivée ou le départ de quelques membres, comme on l'a vu bien souvent, par exemple dans ce vote qui a renversé le ministère du 11 octobre. Mais autant les chambres sont incapables de gouverner, autant elles sont excellentes pour contrôler, pour réclamer contre le mal qui se fait et en faveur du bien qui ne se fait pas. Renfermez-les dans ce rôle, quant au gouvernement, et que ce rôle soit exercé avec une égale autorité et par la Chambre des Pairs et par la Chambre des Députés, ainsi que les fonctions législatives déléguées aux chambres par la Charte, et que nous n'avons nulle envie de leur retirer. Alors chacun rendu à son rôle, et son rôle constitutionnel, bien mieux, naturel rendu à chacun, vous aurez un gouvernement, un gouvernement viable, un gouvernement qui marchera et qui fonctionnera, ce que vous n'avez pas aujourd'hui, ce que vous n'aurez jamais, tant que vous vous obstinerez dans les folies qui vous dominent actuellement. Pourquoi ces hommes forts, habiles, ces hommes réputés les plus forts, les plus habiles, qui se succèdent aux affaires, tombent-ils misérablement les uns sur les autres, tous convaincus, au bout de quelque temps, d'égale impuissance? Serait-ce que vous vous étiez successivement trompés sur leurs talens, sur leur caractère, ou qu'il n'y a plus d'hommes d'État en France; qu'il n'y a plus d'hommes, que les flancs de cette Niobé des nations, pour parler le magnifique langage du poète anglais, sont désormais frappés de stérilité? Non, ces hommes sont aussi heureusement doués qu'hommes l'aient jamais été. Le caractère de quelques uns est de la trempe la plus vigoureuse; ils possèdent la science accumulée par les siècles; ils se sont instruits au spectacle de l'histoire, que plusieurs d'entre eux ont écrite avec un grand éclat. D'où vient donc cette insurmontable impuissance? Elle vient, reconnaissez-le donc, ouvrez donc enfin les yeux, vous qui voulez conduire les peuples; cette impuissance déplorable, universelle, vient de ce que ces hommes reçoivent le pouvoir dans des conditions, sous des conditions qui paralysent nécessairement leur capacité, quelque grande qu'elle soit. On leur dit : « Montez au faîte; mais souvenez-vous que là vous n'êtes que les exécuteurs de mes volontés souveraines, mes esclaves couronnés; c'est moi seul qui dois gouverner. » Et comme le maître qui tient ce langage est par lui-même à jamais hors d'état de gouverner, ces hommes échouent tous; leur génie captif ne leur sert de rien, et le pouvoir, comme le sphynx antique, les dévore tour à tour. Quand chaque pouvoir aura été remis à sa place, des hommes moins forts, moins habiles, réussiront où ces forts et ces habiles se sont brisés. Ayant la permission d'avoir un système et de gouverner, les ministres en auront un et gouverneront; ils donneront à la société l'unité, la direction qui lui manquent. L'action des chambres, toute ramenée qu'elle sera dans ses limites légitimes, sera encore une garantie suffisante que cette unité et cette direction seront bonnes; d'un autre côté, les chambres s'occupant, sous cette impulsion et cette initiative, des questions qu'elles sont aptes à résoudre et dans la limite où elles peuvent les traiter, au lieu de passer leur temps à débattre des questions oiseuses de majorité, ou des questions hors de leur compétence, les sessions seront un temps de créations fécondes, au lieu d'être uniquement signalées, comme aujourd'hui, par le redoublement de nos agitations stériles et dévorantes.

Nous ne dirons pas que les partis, les factions seront comprimées; cela est par trop évident. D'ailleurs, à nos yeux, les hommes le plus à redouter aujourd'hui ne sont pas ceux des sociétés secrètes ou ceux qui s'en vont par les provinces, banquetant de ville en ville à la santé du peuple souverain. Ce sont les hommes dévoués aux institutions actuelles, majorité immense, animée de bonnes intentions, mais qui, faute de cette unité, de cette direction qui ne vient plus aujourd'hui d'en haut, s'égare en des erreurs chaque jour plus profondes et plus graves. Lorsqu'en haut il se retrouvera un pouvoir pour rapprocher, discipliner, gouverner ces individualités incapables de se gouverner toutes seules, elles formeront une masse compacte, invincible, contre laquelle les factions s'useront par le seul frottement à droite et à gauche. L'ordre politique ainsi rétabli, oh! l'on pourra sans présomption espérer les progrès les plus magnifiques, non seulement dans l'ordre matériel, mais dans toutes les sphères de l'activité intellectuelle et morale; car nous ne parlons plus seulement des hommes attachés aux institutions, nous parlons de tous, sans distinction; nous n'envisageons plus la société seulement sous le point de vue politique,

nous prenons l'homme sous toutes ses faces. Il est aujour-
d'hui répandu en France une masse énorme de connais-
sances, de lumières, de forces intellectuelles, de désirs
généreux, d'aspirations nobles, de tendances morales.
Mais le pouvoir régulateur manquant au sommet de la
sphère politique, le désordre se répand dans la sphère
tout entière et d'elle dans les autres.

Ces forces intellectuelles si précieuses, faute de guide,
font comme dans l'ordre politique les hommes dévoués
aux institutions; en cherchant la vérité, elles vont à
l'erreur; elles s'égarent, se perdent, s'éloignent chaque
jour davantage du vrai, et il se produit cet extraordinaire
et effrayant phénomène que les intelligences les plus
fortes sont précisément celles qui tombent dans les aberrations les plus grandes. Le monde est perverti et poussé
aux ténèbres par les génies mêmes que Dieu avait
créés pour l'illuminer de clartés nouvelles; les envoyés
de salut deviennent, anges déchus, des envoyés de
scandale et de perdition. Les désirs généreux, les nobles aspirations, les tendances morales, admirables élémens de progrès individuel et social, deviennent, faute
d'une puissance qui les coordonne, qui les gouverne, qui
les dirige, ce que dans le monde physique les meilleurs
élémens deviennent par un mélange désordonné; ils se
gâtent, ils se corrompent, ils se putréfient. Les tentatives
de réorganisation religieuse aboutissent à la doctrine de
la promiscuité; les désirs de fraternité chrétienne à Ba-
beuf et au terrorisme athée de la Montagne. La force su-
périeure manque, vous avez le chaos. Que la force supé-
rieure se retrouve, que le Verbe se réveille, vous aurez le
monde.

Croyez-vous aussi que quand nous serons un peuple

de 34,000,000 d'hommes uni, compacte, calme, les puissances essayeront encore de nous isoler, de décider les affaires sans nous, malgré nous, contre nous?

Quand, sur ce magnifique territoire qui s'étend des Pyrénées au Rhin, de la Manche à la Méditerranée, elles verront une société bien réglée, bien organisée, croyez-vous qu'il puisse seulement leur venir en pensée de pousser cette société puissante au dehors de la grande société européenne?

Aujourd'hui, nous augmentons nos flottes, nous doublons nos armées, nous évoquons le souvenir et les images de nos grandeurs passées; nous allons chercher comme un talisman de victoire les cendres de l'homme sous lequel nous avons conquis naguère l'Europe.

L'Europe regarde sans s'émouvoir et ces préparatifs de guerre et ces représentations menaçantes du passé. Toute cette ostentation et de nos forces d'aujourd'hui et de notre puissance d'autrefois ne nous fait pas obtenir la plus légère modification aux traités que les puissances ont passés entre elles. Elles se sont dit, en comptant nos soldats : « Ils sont nombreux, mais derrière il n'y a « qu'une nation sans gouvernement; » et en voyant passer le *funèbre triomphe :* « Le grand capitaine est mort, « et si la grande nation n'est pas morte aussi, elle est « au moins bien malade. » Quand il y aura en France un gouvernement qui parlera au nom d'une nation serrée derrière lui en bon ordre, n'eussions-nous que 150,000 hommes sous les armes, notre voix sera écoutée; l'Europe dira : « Le grand capitaine est mort, mais la grande na- « tion vit encore. »

Nous serons forts, et les forts trouvent des amis. Au moins ne rencontrent-ils guère d'ennemis. Mais le chan-

gement qui aura fait de nous une nation forte aura dé-
truit en même temps la cause qui depuis 50 ans réunit
contre nous toute l'Europe. Notre gouvernement sera
loin d'être identique à celui des autres nations du continent; mais il y aura entre eux et nous un terme commun :
la royauté, une royauté vraie, bien que fort différente
des leurs, et ce sera suffisant pour faire cesser l'antagonisme des principes, pour que nous rentrions dans l'unité
de l'Europe, pour qu'il n'y ait plus entre elle et nous
inimitié forcée, fatale, indestructible.

Il n'y aura plus que les rivalités de puissance à puissance.

Par l'antagonisme des principes, nous sommes con-
damnés à être seuls contre tous et toujours seuls. Tout
espoir d'alliance, vraie, solide, durable, nous est interdit.
L'hostilité des principes détruite, non seulement nous
pouvons trouver des alliés, mais nous pourrons le plus
souvent les choisir. Quelle a été depuis cinquante ans la
situation respective des puissances européennes ? La révolution de 89 a partagé l'Europe continentale en deux
camps : la France d'un côté, la Prusse, l'Autriche et la
Russie de l'autre. Au fond, c'est ce qui a toujours été. De
son île inabordable, l'Angleterre spectatrice, regarde de
quel côté il lui est plus avantageux de se ranger.

En 89, elle se décide pour la coalition européenne, et
pendant vingt-cinq ans elle l'exploite. Il lui en a coûté,
mais, somme toute, elle y a trouvé son compte; l'opéra-
tion a été bonne. 1830 crée une situation analogue. Cette
fois l'Angleterre pense qu'il y a plus à gagner dans l'alliance française : la France menacée ne peut faire la
difficile. De 1830 à 1838, elle nous exploite à notre tour.
Nous avons eu notre profit; il serait injuste de le nier

aujourd'hui, mais elle a eu aussi le sien. En 1838, elle voit la tendance démocratique triompher et l'Europe effrayée se rejeter en arrière. Le moment lui semble favorable pour un revirement. Elle nous laisse, et le traité du 15 juillet est signé. Eh bien ! cette position d'arbitre, en supprimant l'inimitié des principes, nous pouvons l'arracher à l'Angleterre, et la tenir à notre tour. Le grand Frédéric n'a-t-il pas dit que, s'il était roi de France, il ne voudrait pas qu'un seul coup de canon fût tiré en Europe, sans sa permission. Dans la grande question présente, celle d'Orient, les deux puissances directement intéressées sont évidemment la Russie et l'Angleterre. Que nos égaremens démocratiques ne soient plus là pour jeter la Prusse et l'Autriche dans les bras de cette énorme Russie, dont elles doivent tant redouter les agrandissemens, nous pouvons soit nous allier avec la Prusse et l'Autriche pour arrêter à la fois et l'Angleterre et la Russie, soit vendre notre alliance à celle des deux parties qui nous en offrira le meilleur prix. Ce que nous pourrions faire dans cette question, nous le ferions dans les autres circonstances qui se présenteraient, comme cela se pratiquait autrefois, trouvant pour alliées les puissances dont l'intérêt serait identique au nôtre, si nous rencontrions pour adversaires celles qui auraient un autre intérêt que nous.

On hésite aujourd'hui à entamer la lutte contre la France seule et agitée : n'hésiterait-on pas bien autrement à jeter le gant à la France calme, unie et ayant des alliés ? car les alliances que nous trouverions pour trancher pacifiquement les questions, nous les trouverions aussi pour combattre.—Les chances de conflit armé s'éloignent, et les guerres, auxquelles on peut encore s'attendre, rentrent dans les proportions ordinaires des luttes accidentelles de peuple à peuple. Nous n'avons plus à redouter une collision effrayante, dans laquelle, abandonnés à nous-mêmes, il nous faudrait soutenir seuls le choc de toute l'Europe conjurée, non pas seulement contre l'excès de notre puissance, mais contre notre indépendance, notre existence même. Nous n'avons plus besoin de nous disposer à une guerre de désespoir, de préparer, quoi qu'il en doive coûter, des moyens gigantesques de résistance suprême ; nous ne sommes plus obligés d'élever une double, et, s'il est possible, une triple ligne de défense autour de ce Paris jusqu'ici la ville de l'Europe, la capitale du monde civilisé plus encore que de la France. Il n'y a plus nécessité, urgence, de jeter 150 millions dans le gouffre appelé le système de l'enceinte continue avec des forts, gouffre que l'on ne comblera peut-être pas avec un milliard ; le système des forts simples, défense militaire, possible et puissante encore, suffit pleinement aux éventualités de la situation nouvelle. Il n'est pas plus nécessaire de se hâter que de se ruiner. On peut prendre son temps pour exécuter les travaux ; on peut en répartir la dépense sur un certain nombre d'années, de manière à ce qu'elle soit à peine sensible, et qu'un beau jour Paris se trouve fortifié sans que le pays ait eu à se plaindre d'un surcroît de charges.

Le système puissant d'une enceinte combinée avec des forts n'ayant derrière lui qu'une société en dissolution ne servirait qu'à en retarder la chute de quelques jours. Le système beaucoup moins puissant des forts détachés, venant s'ajouter aux ressources matérielles et morales immenses d'une société bien organisée, pleine de vie et d'âme, aurait une valeur, une importance véritables. Il rendrait plus forte la France déjà forte et respectée.

Voilà comme il nous semble que la question des fortifications de Paris doit être envisagée.

Paul DE TASCHER.

Paris , ce 15 janvier 1841.

Imprimerie de E.-J. BAILLY, place Sorbonne, 2.